제임스 데이비스

영국 웨일스 출신의 작가이자 일러스트레이터예요. 2018년에 몸이 아주 긴 개와 나눈 특별한 우정을 다룬 그림책 《긴 개Long Dog》를 출간한 뒤 그림책 작가로도 활동해요. 최근에는 고전 만화와 복고풍 그림책의 영향을 받은 독특하고 대담한 그림 스타일을 선보이고 있답니다. 영국 서부의 항구 도시 브리스틀에서 살고 있어요.

김완균

한국외국어대학교 독일어과를 졸업하고, 독일 괴팅겐대학교에서 독문학 전공으로 문학박사 학위를 받았어요. 지금은 대전대학교 H-LAC대학 교수로 재직하고 있어요. 옮긴 책으로 《별을 읽는 시간》,《산책》,《어떤 신세계》, 《마법 학교 대소동》,《고대 이집트》,《고대 그리스》,《고대 로마》,《해적》 등이 있어요.

Myths, Monsters and Mayhem in Ancient Greece
Text and illustration copyright © 2021 by James Davies
Design copyright © 2021 by Big Picture Press
First published in the UK in 2021 by Big Picture Press, an imprint of Bonnier Books UK,
4th floor Victoria House, Bloomsbury Square, London, WC1B 4DA
www.templarco.co.uk
www.bonnierbooks.co.uk
All rights reserved.
Korean translation rights © 2024 by CHAEKSESANG PUBLISHING CO.
Korean translation rights are arranged with Big Picture Press,
an imprint of Bonnier Books UK through AMO Agency Korea.
이 책의 한국어판 저작권은 AMO에이전시를 통해 저작권자와 독점 계약한 책세상에 있습니다.
저작권법에 의해 한국 내에서 보호를 받는 저작물이므로 무단 전재와 복제를 금합니다.

만화로 보는, 고대 그리스의 난리법석 신들과 괴물 이야기

초판 1쇄 발행 2024년 5월 30일

제임스 데이비스 글·그림 | **김완균** 옮김

펴낸이 김준성 **펴낸곳** 책세상어린이
등록 2021년 1월 22일 제2021-000032호
주소 서울시 마포구 동교로23길 27, 3층(03992)
전화 02-704-1251 **팩스** 02-719-1258
이메일 editor@chaeksesang.com
광고·제휴 문의 creator@chaeksesang.com **홈페이지** chaeksesang.com
페이스북 /chaeksesang **트위터** @chaeksesang
인스타그램 @chaeksesang **네이버포스트** bkworldpub
ISBN 979-11-7131-117-0 77840

- 잘못되거나 파손된 책은 구입하신 서점에서 교환해 드립니다.
- 책값은 뒤표지에 있습니다.
- 책세상어린이는 도서출판 책세상의 아동·청소년 브랜드입니다.
- 7세 이상의 어린이에게 적합한 도서입니다. Printed in Korea

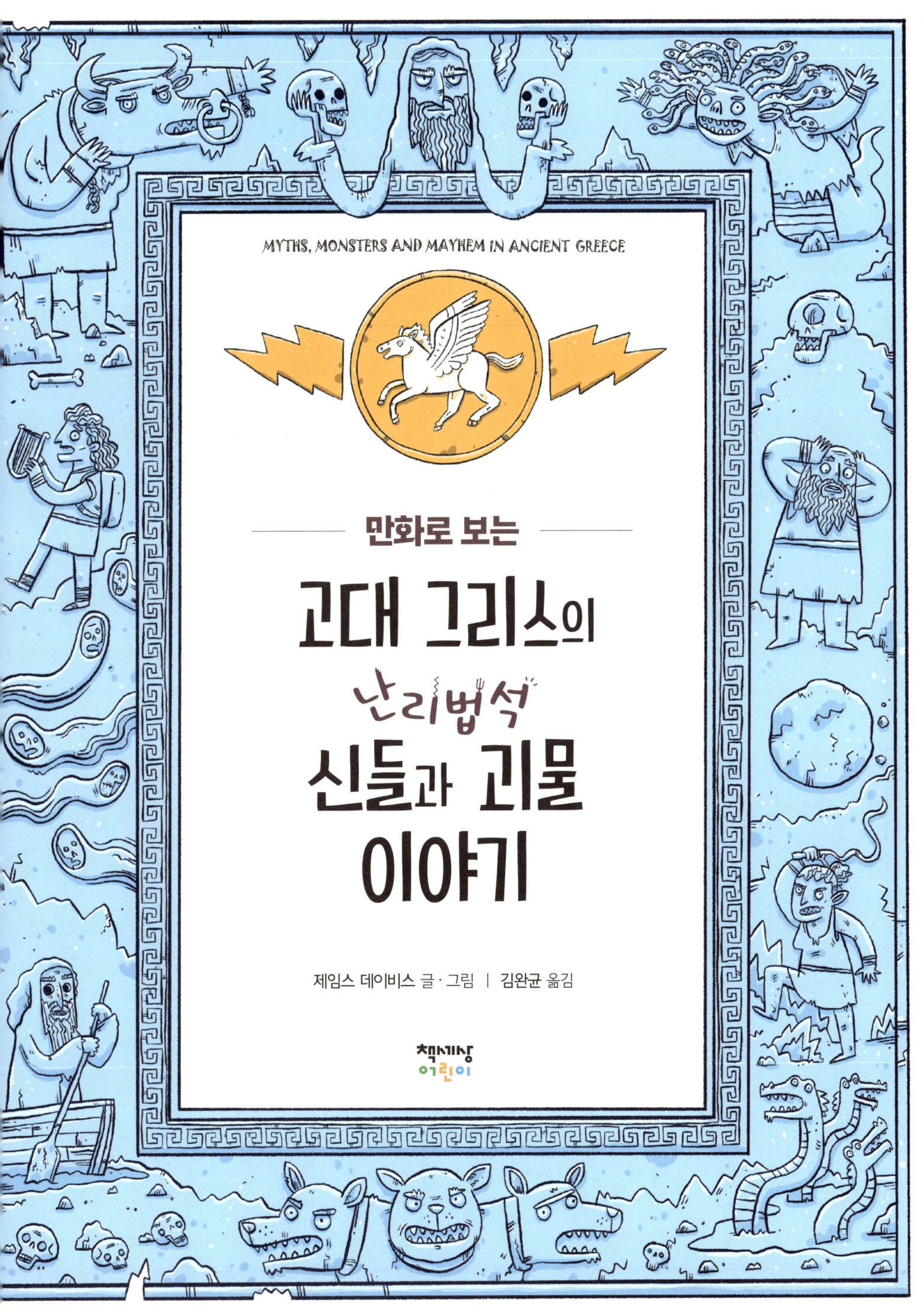

차

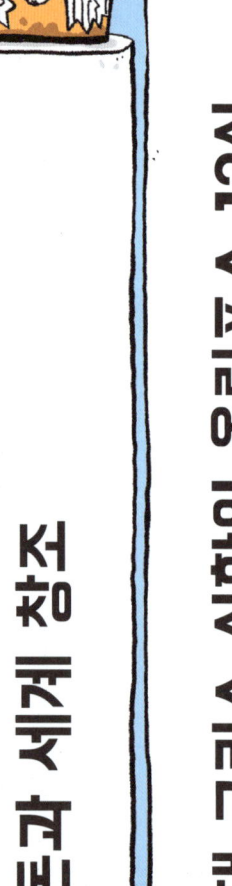

그리스 신화가 뭐예요? — 8

혼돈과 세계 창조 — 10

고대 그리스 신화의 올림포스 12신 — 12

판도라의 상자 — 14

고대 그리스 신화 속 세계의 모습 — 20

테세우스와 미노타우로스 — 22

케이론의 영웅전 — 28

페르세우스와 메두사 — 30

셰

- 36 신화 속 기이한 존재들과 무시무시한 괴물들
- 38 오르페우스와 에우리디케
- 44 고대 그리스의 지하 세계 여행
- 46 트로이의 목마
- 52 운명의 실과 운명의 세 여신
- 54 헤라클레스의 12가지 임무
- 60 고대 그리스의 신화 지도

그리스 신화가 뭐예요?

유럽 문화의 바탕이 된 고대 그리스 문명은 용감한 전사, 위대한 예술가, 지혜로운 사상가들을 탄생시켰어요. 고대 그리스 사람들은 기원전 2600년에서 기원전 146년 사이에 오늘날의 그리스 본토와 여러 섬에서 살았지요. 그들은 다른 많은 고대 문명과 마찬가지로 옳고 그름을 가르치고, 신들의 이야기를 전하며, 계절의 변화부터 인간의 기원에 이르기까지 그들의 주변 세상을 설명해 주는 아주 멋지고 환상적인 이야기들을 가지고 있었어요. 무시무시한 괴물과 영웅들, 그리고 신들의 이야기는 '그리스 신화'를 통해 널리 알려졌답니다.

고대 그리스 사람들이 누구였는데?

그리스 사람들은 고대 세계에 큰 영향을 끼친 찬란한 문명을 꽃피웠어요. 그들은 메마른 땅이 많은 본토보다는 바다로 둘러싸인 섬을 중심으로 활발한 해상 무역을 펼쳐 부자가 되었고, 매력적인 도시들과 거대한 사원을 건설해서 자신들이 섬기는 신을 기렸어요. 또한 세계 최초로 민주주의를 시행하고, 극장을 만들고, 올림픽을 열 만큼 새로운 변화를 추구하는 사회를 만들어 나가기도 했답니다. 이와 같은 그들의 문화는 오늘날에도 여전히 우리의 일상에 커다란 영향을 끼치고 있어요.

고대 그리스 사람들은 훌륭한 공예가이고 조각가여서 신들의 모습을 새긴 다양한 조각품을 비롯해 사람의 몸을 묘사한 아름다운 작품을 많이 만들었어요. 특히 도자기는 다양한 모양과 크기로 제작했으며, 신에게 제물로 바칠 정도로 중요하게 여겼지요. 도자기에 그리는 그림의 소재는 신화뿐만 아니라 신에게 제사를 지내는 풍습, 스포츠 경기 장면, 결혼식이나 장례식을 치르는 모습 등으로 다양했어요. 이런 도자기의 복잡하고 멋진 그림들은 그리스 사람들의 삶과 문화가 어땠는지를 알 수 있는 귀중한 단서가 된답니다.

그리스 신화는 그리스 사람들에게 입에서 입으로 전해지던 이야기였어요. 고대 그리스의 시인 호메로스는 기원전 8세기 무렵 트로이 전쟁을 노래한 장편 서사시 〈일리아드〉와 〈오디세이〉를 지은 것으로 잘 알려져 있지요. 그리스 사람들은 후손들에게 물려줄 새로운 역사와 가르침, 그리고 수많은 이야기를 기록하기 위해 훗날 그들만의 문자를 개발했어요. 위대한 신화와 인간을 초월하는 능력을 지닌 고대 그리스 영웅들의 이야기는 오늘날에도 여전히 전 세계 독자들의 마음을 사로잡아요.

혼돈과 세계 창조

모든 문화에는 세계가 어떻게 시작되었는지를 설명하는 세계 창조의 이야기가 있어요. 고대 그리스 문화도 다르지 않지요. 여기, 고대 그리스 사람들은 세상이 어떻게 생겨났다고 믿었는지를 보여 주는 조금은 무시무시하고 혼란스러운 이야기가 있어요.

세상이 시작되기 전, 이곳에는 오직 혼돈만 있었어요. 그 소용돌이치는 텅 빈 공간에서 최초의 존재들이 튀어나왔지요.

가이아-대지의 여신 / 에로스-사랑의 신 / 닉스-밤의 여신 / 에레보스-어둠 / 타르타로스-지하 세계

가이아는 나무와 풀과 시냇물을 만들었어요. 그녀는 자신의 아들이자 하늘의 신인 우라노스와 사랑에 빠졌지요.

하늘에서 가장 잘생긴 남자는 나야!

가이아와 우라노스 사이에서 특별한 아이가 여러 명 태어났어요.

티탄(열두 명의 거인) / 키클롭스(외눈박이 거인) / 헤카톤케이레스(100개의 팔과 50개의 머리를 가진 거인)

가이아는 자신이 낳은 괴물들을 정말 사랑했어요. 하지만 우라노스는 조금 달랐지요. 우라노스는 키클롭스와 헤카톤케이레스의 뛰어난 재능과 막강한 힘을 매우 두려워했어요.

어이! / 조용! 제발, 조용! / 아빠? / 와글 / 와글 / 와글 / 진짜 버릇없군!

그래서 자식들을 지하 세계의 가장 깊은 곳인 타르타로스에 가두어 버렸어요.

화가 난 가이아는 열두 티탄을 불러 모아 우라노스를 몰아내자고 제안했고, 막내인 크로노스가 그 뜻을 따랐어요.

크로노스는 어머니 가이아가 준 낫을 휘둘러 아버지인 우라노스에게 치명적인 상처를 입혀서 내쫓았어요. 그러고는 아버지 대신 왕의 자리를 차지했지요.

조심하렴!

크로노스는 신들의 왕이 된 뒤 누나인 레아와 결혼했어요. 그들은 세상 다스리는 일을 즐기며 왕실 생활에 빠르게 적응했어요.

아주 평화로워!

하지만 크로노스는 두려웠어요. 자신이 아버지에게 했던 것처럼 자식 가운데 하나가 왕위를 빼앗을 거라는 예언을 들었거든요. 그래서 자식들이 태어나자마자 집어삼켜 버렸어요!

크로노스와 레아는 그리스 신화에서 너무나 중요한 여섯 명의 자식을 낳았어요.

헤스티아 / 데메테르 / 헤라 / 하데스 / 포세이돈 / 제우스

언젠가 내 자리를 빼앗으려고 하겠지...!

크로노스는 레아가 자식을 낳을 때마다 모두 삼켜 버렸어요. 이를 지켜본 레아는 막내인 제우스를 살리기 위해 갓 태어난 제우스 대신 돌덩이를 포대기에 싸서 크로노스에게 건네주었어요.
"이거나 먹어라, 이 괴물아!" "꿀꺽!"

크로노스가 포대기에 싸인 돌덩이를 삼키는 동안, 레아는 제우스를 안고 재빨리 도망쳤어요.
"오—"

레아는 제우스를 크레타섬으로 데려가 이다산의 동굴 속에 숨기고 요정들에게 보살피게 했지요.
"엄마?"

제우스는 요정들의 보살핌을 받으며 무럭무럭 자랐어요.
"3…4…5… 6…!"

그는 힘도 세지고 점점 지혜로워졌어요. 수염도 덥수룩하게 길렀지요.

제우스와 레아는 머리를 맞대고 크로노스를 몰아낼 계획을 세웠어요.

올림포스산으로 돌아온 제우스는 하인으로 변장한 뒤 크로노스에게 포도주를 권했어요.
"포도주 드시겠습니까?" "좋지!"

약을 탄 포도주를 벌컥벌컥 마신 크로노스는 이전에 삼킨 포대기에 싼 돌덩이와 형제자매들을 모두 토해 냈어요. 제우스가 아버지 배 속에 갇힌 형제자매들을 구해 낸 것이지요.
"어휴!"

크로노스는 불같이 화를 내었어요. 왕의 자리를 빼앗기기 싫은 크로노스는 자신의 형제들인 티탄에게 도움을 청했고, 제우스도 세상 밖으로 나온 형제들과 함께 온 힘을 다해 맞섰어요. 10년 동안 이어진 이 전쟁을 '티타노마키아'(티탄과의 싸움)라고 해요. 비참하고 끔찍한 전쟁으로 온 세상이 떠들썩했지요.

전쟁이 지속되자 제우스는 할머니인 가이아를 찾아가 조언을 구하고, 지하에 갇혀 있던 키클롭스와 헤카톤케이레스의 도움을 받아 마침내 전쟁을 승리로 이끌었어요. 크로노스는 붙잡혀서 지하 세계에 갇혔지요.
"이제 좀 쉬어야겠다."

제우스는 전쟁에서 승리한 뒤 형제들과 권력을 나눴어요. 자신은 하늘을, 포세이돈은 바다를, 하데스는 지하 세계를 다스리기로 했지요.

적들에게는 벌을 내렸어요. 티탄 가운데 아틀라스는 어깨로 하늘을 떠받치는 무시무시한 벌을 받았어요.

제우스를 중심으로 하는 올림포스 신들은 평화롭고 아름다운 고향으로 돌아왔어요. 그들은 올림포스산 꼭대기에 있는 궁전에 머물며 세상이 번창하는 모습을 지켜보았지요. 때로는 인간들의 삶에 참견하기도 했답니다!

고대 그리스 신화의

고대 그리스 사람들은 신들이 그리스에서 가장 높은 올림포스산의 궁전에 살면서 세상을 다스린다고 믿었어요. 그래서 호화로운 신전을 많이 짓고, 돈과 꽃, 음식 등을 제물로 바쳤지요. 신들은 여러 면에서 인간과 비슷하게 행동했어요.

제우스
신들의 왕이자 올림포스산의 지배자이며, 천둥과 하늘의 신이에요. 자신에게 복종하지 않는 이에게 벼락을 내리는 걸로 유명하답니다.

헤라
제우스의 아내로 신들의 여왕이자 결혼과 출산, 가족을 상징하는 신이에요. 질투가 심했으며, 미인 대회에서 우승하지 못하자 그리스 사람들을 도와 트로이라는 도시 전체를 파괴하기도 했어요. (14쪽을 참고하세요!)

아테나
제우스의 딸로 지혜와 전쟁의 여신이며, 위험에 처한 영웅들을 도와준 것으로 유명해요. 그리스의 수도 '아테네'는 이 도시의 수호신인 아테나 여신의 이름을 따서 지은 거예요.

헤파이스토스
불과 대장간의 신이에요. 올림포스산의 신과 여신을 위해 무기와 갑옷을 만들었어요. 절름발이에 볼품없는 외모를 지녔지만, 아내는 아름다운 사랑의 여신 아프로디테랍니다!

데메테르
대지의 여신이자 곡물과 수확의 여신이에요. 고대 그리스 사람들이 먹고사는 데 필요한 곡식과 농업 기술을 책임졌어요.

아레스
전쟁의 신이에요. 제우스와 헤라의 아들로, 야만적인 전투를 좋아해 전쟁터에서 난폭하고 잔인한 기술을 사용했어요. 갑옷을 입고 투구를 쓴 채 창과 방패, 칼을 지니고 다녔지요.

올림포스 12신

신들도 사랑에 빠지고, 결혼을 하고, 작은 일로 말다툼을 벌이곤 했지요.
하지만 그들은 강력한 힘을 가졌으며, 영원한 삶을 누렸답니다.
자, 지금부터 고대 그리스 신화에 나오는 '올림포스 12신'을 만나 볼까요?

디오니소스
포도와 포도주의 신이며, 축제의 신으로 알려져 있어요. 올림포스 12신 가운데 막내로, 대지의 풍요로움이자 즐거움과 쾌락의 신이며 다산을 상징하는 신이기도 해요.

아프로디테
아름답기로 유명한 미와 사랑의 여신이에요. 바다의 거품에서 태어났으며, 보는 사람마다 자신을 사랑하도록 만드는 마법의 황금 띠를 두르고 있었어요.

포세이돈
바다의 신이에요. 바다 밑의 궁전에 살면서 황금 갈기를 가진 말을 타고 바다를 건너다니고, 삼지창(세 갈래의 창)으로 바다와 육지를 들어 올려 파도와 지진, 폭풍우를 일으킨다고 해요!

아르테미스
달의 여신이자 다산과 풍요의 여신이기도 해요. 활쏘기의 명수로 들짐승을 사냥하기도 했지만, 사냥의 여신으로 사냥꾼을 보호하면서 숲속 동물들의 번식을 돕기도 했어요.

아폴론
아르테미스의 쌍둥이 오빠로, 태양의 신이자 의술, 음악, 예언의 신이에요. 고대 그리스 사람들은 중요한 결정을 내려야 할 때 신들의 뜻을 알기 위해 델포이의 '아폴론 신전'으로 몰려들었답니다.

헤르메스
신들의 심부름꾼이자 나그네, 상인, 도둑을 지켜 주는 신이에요. 날개 달린 모자와 날개 달린 신을 신고 뱀을 감은 단장을 짚으며 죽은 사람의 영혼을 저승으로 인도한다고 해요.

고대 그리스 신화 속

그리스 신화는 고대 그리스 사람들의 역사와 도덕적 가치를 보여 주는 독특하고 흥미로운 이야기들로 꾸며져 있어요. 고대 그리스의 신과 영웅, 우주관, 괴물에 관한 다채로운 이야기가 가득하지요. 신화는 우리에게 세계를 이해하는 방법을 알려 주기도 해요. 과학이 발달하지 않았던 시대에는

해가 뜬다!

태양의 신 **아폴론**은 날마다 눈부신 황금 마차를 타고 하늘을 가로질러 여행을 떠났어요. 태양을 끌고 다니며 세상에 생명과 온기를 선사했지요.

신들의 왕 **제우스**가 화를 낼 때면 하늘은 시커메지고, 온 세상에 번개가 비처럼 쏟아져 내리곤 했어요.

앗!

천둥과 번개를 동반한 비와 바닷속에 가라앉은 배는 모두 **포세이돈**이 만든 작품이었어요. 이 변덕스러운 바다의 신은 삼지창으로 땅바닥을 두드려 파도를 만들 수 있었지요.

무지개의 여신 **이리스**는 목마른 식물에 물을 주기 위해 아름다운 무지개와 구름을 만들었어요.

세계의 모습

미신이 유행해 세계를 설명하는 근거가 되기도 했답니다. 고대 그리스에서는 매일 아침 해가 왜 뜨는지, 해는 왜 동쪽에서 뜨는지, 밤하늘의 별은 왜 반짝이는지 아무도 몰랐어요. 그래서 고대 그리스 사람들은 사계절부터 우주의 행성까지 세계의 모든 것을 신화를 통해 설명했지요.

신들의 지지를 받게 된 영웅과 짐승들은 대가로 별 사이에 자리 하나를 차지했어요.

달의 여신 셀레네는 달 마차를 타고 하늘을 가로지르며 밤하늘을 달빛으로 환하게 밝혔어요.

엄마가 만든 것 좀 봐!

대지의 여신 가이아는 온 세상을 완만한 언덕, 무성한 풀과 나무로 뒤덮었어요. 또한 창조의 신이면서 세상 모든 것의 어머니로서 꽤 많은 몬스터를 만들기도 했답니다.

곡물과 수확의 여신 데메테르는 땅에서 곡식이 자랄 수 있도록 해 주었어요. 죽음의 신 하데스가 그녀의 딸 페르세포네를 납치해 지하 세계로 데려가자, 세상은 꽁꽁 얼어붙은 겨울 속으로 빠져들었지요. 그 뒤로 페르세포네는 해마다 6개월 동안만 봄과 함께 땅 위로 돌아올 수 있었답니다.

커밍순~

야생의 요정, 목신, 반인반수 모두가 신들을 도와 자연 세계를 건설했어요.

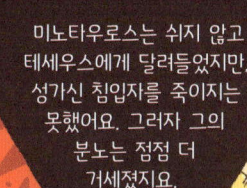

케이론의

그리스 신화는 아주 위험천만한 모험을 떠나 놀라운 일을 벌인 영웅들의 이야기로 가득해요. 대부분 대담한 성격과 초인적인 능력을 지녀 보통 사람과는 구별되는 인물이었지요. 그들은 인생에서 엄청난 시련을 겪어야 했고, 때로는 전투를 치르다 젊은 나이에 죽음을 맞기도 했어요. 한편으로 그들의 도전은 죽음을 뛰어넘는 명예와 영광을 안겨 주기도 했답니다. 그들에 관한 많은 신화가 기록되었고, 어떤 영웅은 심지어 올림포스산의 신들과 함께 살도록 초대까지 받았어요.

훈련 열심히 하렴. 그러면 언젠가 너희 동상도 세워질 거야!

벨레로폰은 케이론의 제자는 아니지만 어릴 때부터 괴물을 물리치는 영웅이라는 명성을 얻었어요. 그는 날개 돋친 말인 페가수스를 길들이는 데 성공해 함께 수많은 전투를 치렀답니다. 심지어 머리는 사자, 몸통은 양, 꼬리는 뱀 또는 용의 모양을 하고 있으며 불을 내뿜는 기이한 짐승 '키마이라'를 죽이기도 했지요. 이후 벨레로폰은 점점 오만해져서 올림포스산으로 올라가 신이 되려고 했어요. 하지만 하늘로 날아오르다 페가수스의 등에서 미끄러져 인간 세상으로 떨어지고 말았지요. 결국 그는 남은 생을 하늘에서 타고 다니는 말인 '천마' 없이 살았답니다.

그리스의 영웅 가운데 가장 위대한 인물로 꼽히는 **아킬레우스**는 케이론의 수제자예요. 전투에서는 신적인 능력을 발휘하는 축복을 받았지요. 그런데 한 가지 약점이 있었어요. 바로 발뒤꿈치였지요. 어머니가 아들을 불사신으로 만들기 위해 그의 발목을 잡아들고 거꾸로 스틱스 강물에 깊숙이 넣었다 꺼냈는데, 손으로 잡고 있던 뒤꿈치는 강물에 젖지 않았던 거예요. 그래서 불사신이었지만 트로이 전쟁 때 파리스 왕자에게 유일한 약점인 발뒤꿈치에 화살을 맞아 죽었다고 해요.

영웅전

영웅들은 자신이 맡은 임무를 성공시키기 위해 열심히 훈련해야 했어요. 켄타우로스족(몸의 윗부분은 사람이고, 아랫부분은 말의 형태를 띤 괴물!) 가운데 가장 현명한 인물인 케이론은 유명한 전사 아킬레우스와 이아손을 비롯해 그리스 신화에 나오는 수많은 영웅을 길러 낸 스승이었어요. 온화하고 정의를 존중하며 매우 공정한 성격을 가졌던 케이론은 제자들에게 음악, 의술, 사냥 등을 가르쳐 주었답니다. 자, 지금부터 그리스 영웅들에 대해 자세히 알아볼까요?

테살리아의 왕자였던 **이아손**은 황금 양털을 구하기 위해 아르고호를 타고 모험을 떠난 것으로 유명해요. 만일 임무를 완수했다면, 아버지의 왕위를 빼앗은 삼촌 펠리아스에게서 테살리아의 왕좌를 돌려받을 수 있었지요. 그들은 콜키스 왕국의 보물이며 잠들지 않는 용이 지키는 황금 양털을 얻기까지 수많은 치명적인 장애물을 함께 헤쳐 나갔어요. 마침내 이아손은 메데이아라는 마법사에게서 용을 잠재우는 물약을 얻어 황금 양털을 손에 넣을 수 있었답니다.

아름답고 용감무쌍한 **펜테실레이아**는 여성 무사들로 이루어진 부족인 아마존의 여왕이었어요. 포기할 줄 모르는 전사였고, 트로이 전쟁에서 트로이 편을 들어 수많은 그리스 병사를 물리쳤지요. 하지만 끝내는 아킬레우스에게 죽임을 당하고 말았어요. 아킬레우스는 죽은 펜테실레이아의 얼굴을 보며 우아한 미모와 용기에 반해 그녀를 죽게 한 것을 크게 후회하고 안타까워했다고 해요.

아탈란타는 아버지에게 버림받아 숲에서 자랐어요. 숲에서 죽을 뻔했던 그녀는 곰의 젖을 먹고 성장하며 야생에서 함께 살았던 동물들에게서 싸우는 법을 배웠지요. 아탈란타는 생존력이 놀라울 만큼 뛰어났으며, 발이 빠른 사냥꾼이기도 했어요. 펠리아스 왕의 장례 경기(죽은 사람을 기리기 위해 장례식에 즈음해 열리는 경기!)에 참가해 아킬레우스의 아버지인 전사 펠레우스와 맞붙어 승리를 거두기도 했답니다.

트로이 전쟁을 끝내고 집으로 돌아가려던 **오디세우스**의 여정은 갑자기 들이닥친 폭풍우로 항로가 바뀌면서 달라졌어요. 미쳐 날뛰는 바다 괴물들, 키클롭스, 바람의 신들, 바다의 님프(요정)들을 만나고, 조난 사고를 당하는 등 위험천만한 모험이 10년 동안 이어졌지요. 오디세우스가 겪은 고단한 여정은 시인 호메로스가 <오디세이>라는 장편 서사시로 기록했답니다!

가자! 가자!

신화 속 기이한 존재들과

고대 그리스 신화는 무시무시한 괴물들과 낯설고 기이한 존재들에 대한 이야기로 가득해요. 그리스 영웅들은 종종 자신의 힘을 증명하거나 사랑하는 사람을 보호하기 위해, 신화에 등장하는 괴물들을 길들이거나 죽이는 임무를 떠맡았지요. 그 결과 위대한 전사들만 살아남았답니다. 괴물들은 울창한 숲, 험한 산, 거친 바다 등 고대 그리스 곳곳에서 발견되었어요.

티폰의 동물원에 오신 것을 환영합니다! 몸의 윗부분은 인간이지만 100개의 용의 머리가 솟아나 있고, 아랫부분은 똬리를 튼 거대한 뱀의 모습을 한 괴물 **티폰**은 수많은 야수가 고대 그리스를 어슬렁거리게 만든 장본인이에요. 주위를 둘러보며, 그가 풀어놓은 괴물들을 만나 보세요.

몸의 윗부분은 사람이고 아랫부분은 말인 괴물 **켄타우로스**는 산악 지역에서 살았어요. 그곳에서 하늘을 날 수 있는 날개와 강한 힘을 가진 죽지 않는 말 **페가수스**에게 먹이를 주었지요.

키클롭스는 티폰이 야수에게 먹이 주는 일을 도왔어요. 사람을 잡아먹는 이 외눈박이 거인족은 엄청난 힘을 자랑했지요. 키클롭스 가운데 가장 악명 높은 **폴리페모스**는 영웅 오디세우스와 그의 선원들을 포로 잡았어요. 오디세우스는 폴리페모스를 꾀어 포도주를 마시게 하고, 그가 취해서 곯아떨어지자 그의 눈을 멀게 한 뒤에 겨우 도망칠 수 있었답니다.

거친 바다는 위험으로 가득 차 있어요. 머리는 여섯이고 몸의 아랫부분은 뱀 모양인 **스킬라**, 머리가 여러 개인 뱀 **히드라**, 여자의 얼굴과 새 모양을 한 괴물인 바다의 요정 **세이렌**의 무리는 바다를 건너는 사람들을 공포에 떨게 했지요.

무시무시한 괴물들

역사가들은 고대 그리스의 이야기꾼들이 그들의 주변 세계에서 환상적인 생명체에 관한 아이디어를 얻었을 거라고 추측해요. 그리스 사람들이 멸종된 동물의 화석을 수집해 다른 유물과 함께 신전에 전시했다는 증거도 있기 때문이지요. 머리가 여러 개 달린 괴물과 거인의 이야기도 아마 그런 발견에서 영감을 얻었을 거예요.

고대 그리스의 숲과 늪은 온갖 기괴한 생명체가 활동하는 삶의 터전이에요. 숲에서는 **님프, 사티로스, 무서운 그라이아이**를 흔히 볼 수 있어요. 진짜 운이 나쁘면 키마이라를 만날 수도 있답니다. **키마이라**는 머리는 사자, 몸통은 양, 꼬리는 뱀의 모양을 하고 있으며 불을 내뿜는다고 해요.

사티로스 님프 키마이라 그라이아이

하르피아이

그리핀

도와줘!

키마이라의 거대한 둥지에서는 머리·앞발·날개는 독수리이고 몸통과 뒷발은 사자인 상상의 동물 **그리핀**이 새끼에게 먹이를 줘요. **하르피아이**가 소리를 질러 대며 그 먹이를 훔쳐 먹으려고 하네요! 가능하면 하르피아이는 피하세요. 여자 얼굴에 몸은 독수리인 이 괴물은 사람들을 납치해 지하 세계로 끌고 간다고 하거든요.

여기서는 살금살금 걸어야 해요. 야수들이 저녁을 먹기 전에 낮잠을 자거든요! 머리가 셋 달린 개인 **케르베로스**는 지하 세계의 입구를 지키고 있어요. 트레토스산의 네메아 골짜기에 사는 **네메아의 사자**는 돌이나 청동, 쇠로는 죽일 수 없는 거대한 괴물 사자예요. 어이쿠!

케르베로스 네메아의 사자

고대 그리스의

고대 그리스 사람들은 죽음이 끝이 아니라고 생각했어요. 그들에게 죽음은 기이한 여정, 그러니까 사후 세계로 떠나는 여행의 시작이었지요. 그들은 사람이 죽으면 신의 전령인 헤르메스가 그 영혼을 지하 세계로 이끈다고 믿었어요. 어마어마하게 큰 지하 세계는 죽은 자들의 신인 하데스가 다스렸고, 죽은 자가 어디서 영원의 시간을 보낼지는 그와 그의 기괴한 전령들이 결정했지요.

죽음은 단지 시작일 뿐

히드라에게 잡아먹혔나요? 아니면 고르고네스를 보고 돌로 변했나요? 어쨌든 운이 좋군요! 여러분은 죽었고, 이제 지하 세계에서 여러분이 있어야 할 자리를 찾아갈 시간이랍니다!

지하 세계로 들어가는 문은 고대 그리스 전체에 네 개나 있어요. 누구나 손쉽게 지하 세계에 들어갈 수 있답니다!

헤르메스 + 타나토스

H&T 여행사
저희가 다 알아서 해 드려요! 죽음의 신 타나토스는 여러분이 죽으면 여러분의 머리카락도 다듬어 줄 거예요. 하데스에게 잘 보여야 하니까요!

이곳에 도착하면 뱃사공 카론의 페리를 타고 죽음의 강인 스틱스강을 가로질러 멋지게 여행할 수 있어요.

- 편도 티켓: 금화 한 닢
- 왕복 티켓: 구매 불가

케르베로스를 만나 보세요!

머리가 셋 달린 이 거대한 개가 지하 세계로 들어가는 문을 지키고 있어요. 그래서 지하 세계는 지내기에 매우 안전하지요. 단, 너무 가까이 가지는 마세요!

친절한 우리 직원들이 여러분의 존재 전체를 판단해 줍니다! 직원들은 여러분이 우리의 매력적인 세 영역 가운데 어디로 가야 할지를 결정할 거예요. 기본 옵션을 알려 드릴게요.

엘리시온

여러분이 착한 사람이었다면 눈부시게 아름다운 천국인 엘리시온에서 편히 쉴 수 있어요. 그곳에서 신과 고귀한 사람들과 함께 호화롭게 지내게 될 거예요.

이곳에서는 헤라클레스 같은 영웅들과 점심 식사도 같이할 수 있어요. 정말 근사하지 않나요?

지하 세계 여행

지하 세계는 무서운 곳일 수 있지만, 그렇다고 무조건 나쁘기만 한 것은 아니에요. 죽은 사람이 어떻게 살았느냐에 따라 보상 또는 벌을 받을 수 있거든요. 엘리시온은 좋은 삶을 살았던 사람들을 위한 천국이고, 타르타로스는 살면서 나쁜 짓을 했던 사람들을 벌주기 위한 지옥이었지요. 지하 세계에 온 것을 환영합니다! 이곳에서 즐거운 시간 보내기를 바랄게요.

한편 파리스의 여동생 카산드라는 트로이 성벽 안에서 악몽에 시달리고 있었어요. 그녀는 꿈속에서 자신이 사랑하는 도시가 시뻘건 불길에 휩싸이고, 거대한 발굽을 가진 짐승이 건물과 사람들을 사정없이 짓밟아 버리는 것을 보았지요. 그리고 오빠의 결혼식 날에 모두가….

안 돼… 파리스?

네!

네!

잠에서 깬 카산드라가 졸린 눈을 비비며 아침 식사를 하러 가자, 파리스와 헬레네가 놀라운 소식을 전해 주었어요. 그리스 사람들은 배를 타고 떠났고, 두 사람은 마침내 결혼식을 올릴 계획이라고요! 그런데 카산드라는 행복한 한 쌍이 기대했던 것만큼 기뻐하지 않았어요.

아니야! 안 돼, 안 돼!

어쨌든 고맙다! 난 네가 기뻐할 거라고 생각했는데….

'축하해!'라고 해야지.

여동생이 기대만큼 축하해 주지 않아 약간 실망한 파리스는 더는 걱정할 것이 없다고 동생을 설득하려 했어요. 겁쟁이 침략자들은 마침내 포기하고 집으로 돌아갔다고요.

봐! 쟤들 배 진짜 천천히 간다!

그리스 사람들은 심지어 선물까지 남겨 놓고 떠났거든요. 물론 목마 대신 돈을 놓고 갔더라면 더 좋았겠지만, 파리스도 목마가 멋진 선물이라는 사실은 부인할 수 없었지요. 더구나 목마에 붙어 있는 쪽지가 모든 것을 설명해 주었어요.

대단하지 않아!?

이건… 좋은 생각이 아닌 것 같은데.

친애하는 파리스

우리가 졌어. 깔끔하게 포기할게! 지난 전쟁에 대해서도 모두 사과하고. 이 목마는 당신을 위한 거야. 이건 그리스의 전통이거든. 진짜로! 다음에 또 보자고.

오디세우스가

쪽지 내용은 매우 친절했어요. 파리스는 부하들에게 말을 몰고 도시 안으로 들어오라고 명령했지요. 드디어 트로이의 성문이 활짝 열렸어요.

이 말을 뭐라고 부를까?

랄프 어때?

트로이 시민에게는 축하할 일이 많았어요. 마침내 전쟁이 끝나고, 그리스의 전사들은 달아났거든요. 그들이 사랑하는 파리스에게는 아름다운 예비 신부가 있었고, 이제 거대한 목마도 갖게 되었지요. 그날 밤 트로이 시민 모두가 함께 잔치를 벌이며 오랫동안 기다려 온 승리를 축하했어요.

랄프예요, 랄프 사세요!

랄프가 말을 하는 것 같은데…

우리의 특별한 손님, 거대한 목마 랄프를 위하여!

아무도 내 말을 듣질 않네!

그러니 어쨌든….

운명의 실과

클로토

운명의 힘은 그리스 신화의 모든 인물, 심지어 신들에게도 영향을 주었어요. 고대 그리스 사람들은 결코 피할 수 없는 운명이라는 게 있다고 믿었고, 운명은 잘 알려진 거의 모든 이야기에서 나타나요. 사람의 삶은 여러 다른 길로 나아갈 수 있지만, 보이지 않는 힘이 그들을 가야 할 길로 가게 만들지요.

오이디푸스는 태어나자마자 아버지에게 버려졌어요. 그가 아버지를 죽일 거라는 예언 때문이었지요. 세월이 흘러 청년이 된 오이디푸스는 친아버지를 알아보지 못해 결국 아버지를 죽이고 말았답니다.

아킬레우스에게는 트로이 전쟁에서 전사해 영웅으로 기억되거나 승리의 영광 없이 평범하게 살며 장수할 것이라는 예언이 내려졌어요. 아킬레우스는 트로이 전쟁에 참가했고, 파리스가 쏜 화살에 발뒤꿈치를 맞아 죽고 말았지요.

운명의 세 여신

고대 그리스 사람들은 운명을 결정하는 힘이 '운명의 세 여신' 손에 달려 있다고 믿었어요. 운명의 실을 뽑는 첫째 클로토가 한 사람의 인생을 시작하고, 둘째 라케시스가 실을 감거나 풀어서 사람의 운명을 결정하지요. 셋째 아트로포스는 사람이 죽을 때가 되면 가위로 실을 잘랐어요. 여신 세 자매는 운명으로 인생이라는 꼭두각시 공연을 지배했지요!

델포이의 여사제는 신탁(신이 사람을 통해서 그의 뜻을 나타내거나 인간의 물음에 답하는 일)을 통해 신과 인간을 연결해 주었어요. 자신의 운명을 엿보고자 하는 사람들에게 경고와 예언을 전했지요. 그 소식은 가끔 사람들이 듣고 싶어 하는 소식이 아니기도 했지만요.

제우스의 아들 **사르페돈**은 트로이 전쟁에서 죽을 운명이었어요. 제우스는 신들의 왕인 자신도 운명은 가로막을 수 없다는 사실을 잘 알고 있었고, 그래서 사랑하는 아들이 죽는 걸 알면서도 지켜볼 수밖에 없었답니다.

헤라는 헤라클레스가 자라는 모습을 올림포스산에서 지켜보았어요. 해가 갈수록 그녀의 질투심은 점점 커져만 갔지요. 헤라클레스가 결혼해서 가정을 꾸리자, 헤라는 더는 두고 볼 수 없다고 생각했어요. 눈엣가시 같던 제우스의 아들 헤라클레스에게 따끔한 맛을 보여 줄 때가 되었던 거예요!

헤라는 헤라클레스에게 주문을 걸어 끔찍한 악몽을 꾸게 했어요. 헤라클레스는 고통스러운 꿈속에서 상상할 수 있는 무시무시한 괴물들에게 둘러싸여 공격당하는 자신을 보았어요.

으악!

꿈은 밤마다 계속되었고, 견디다 못한 헤라클레스는 어느 날 끔찍한 꿈속에서 괴물들을 혼내 주었어요. 다음 날 아침 잠에서 깬 헤라클레스는 제정신이 아닌 상태에서 자신이 가족을 죽였다는 사실을 알게 되었지요.

그래서 진리와 정의를 상징하는 치유의 신 아폴론을 만나러 여행을 떠났어요. 헤라클레스는 아폴론이 자신이 저지른 짓에 대해 공정한 처벌을 내릴 거라고 믿었지요.

그는 자신이 한 짓을 도저히 믿을 수가 없었어요.

오, 눈부신 아폴론이여! 부탁드립니다!

불쌍한 인간! 생각 좀 해 볼게.

헤라클레스는 끔찍한 일을 저질렀지만, 아폴론은 공정하고 친절했어요. 그는 이 비극이 헤라클레스의 잘못만은 아니라는 사실을 알고 있었지요. 아폴론은 헤라클레스에게 잘못의 대가를 치르기 위해서는 미케네의 왕 에우리스테우스를 위해 10가지 임무를 완수해야 한다고 말했어요. 에우리스테우스는 헤라클레스에게 인간이 도저히 할 수 없는 일들을 하도록 명령했지요.

헤라클레스가 임무를 완수할 수 있다면, 그는 죄를 용서받는 것이지요. 아폴론이 내뿜는 빛 사이로 저 멀리 호화로운 미케네의 궁전을 본 헤라클레스는 한숨을 내쉬며 결국 아폴론의 제안을 받아들였어요.

걱정 마! 성공할 수 있는 쉬운 일들이야!

헉! 그의 일이라면 눈곱만큼도 돕고 싶지 않은데.

10가지 임무만 수행하면 되는 거죠?

괜찮아! 에우리스테우스도 무리한 걸 요구하진 않을 거야. 이미 다 가졌잖아!

헤라클레스는 에우리스테우스 왕을 만나러 길을 떠나며, 무슨 일이 주어지든 최선을 다해 완수하겠다고 맹세했어요. 그런데 교활한 헤라가 에우리스테우스 왕을 먼저 찾아가, 헤라클레스가 완수하지 못할 치명적인 임무를 주라고 왕의 마음을 뒤흔들어 놓았지요.

헤라클레스가 할 일 목록을 가지러 오자 에우리스테우스 왕은 너무나 즐거웠어요. 헤라클레스는 임무를 완수하기 위해 길을 떠났고, 왕은 그에게 어떤 위험들이 도사리고 있을지 몹시 궁금해했지요.

어디… 그에게 내 외투를 빨게 할까요? 아니면… 내 딸이 조랑말을 원하는데.

아니, 아니! 좀 더 거창하고, 힘들고, 무시무시한 일들을 생각해 봐!

행운을 빌게! 잡아먹히거나 독살되거나 짓밟히지 말고….

아… 네.

에리만토스의 멧돼지

이 멧돼지는 에리만토스산에서 살며 주변 지역에 엄청난 피해를 주었어요. 농작물을 파괴하고, 숲을 휩쓸며, 사람들을 공격해 모두가 두려워했지요. 헤라클레스는 몇 년 동안 멧돼지를 뒤쫓았지만 생포하는 데 실패했어요. 어느 날 멧돼지 사냥을 하다 선량한 켄타우로스인 플로스를 만났는데, 그가 멧돼지를 눈 덮인 계곡으로 몰아넣으라고 제안했어요. 얼어붙은 땅에서 먹을 것을 찾지 못한 멧돼지는 힘을 잃고 느려졌지요. 헤라클레스는 얼마 뒤 코를 킁킁거리는 멧돼지를 잡을 수 있었어요.

아우게이아스 왕의 마구간

아우게이아스 왕이 키우는 3000마리의 말은 그의 자랑이자 기쁨이었어요. 그런데 말이 많은 만큼 배설물도 어마어마해 마구간은 어느새 배설물로 가득 찼지요. 에우리스테우스 왕은 헤라클레스에게 마구간을 깨끗이 치우라고 명령했어요. 아주 오래 걸리고도 힘든 일이라고 생각했거든요. 헤라클레스는 엄청난 힘으로 가까이 있던 두 강의 물길을 마구간 안으로 돌려놓아, 산처럼 쌓였던 배설물을 단번에 씻어 냈어요! 에우리스테우스 왕은 강물의 힘을 빌린 이번 일도 속임수를 쓴 거라며 무효라고 말했지요.

스팀팔로스의 새들

고대 그리스의 끔찍한 생명체 가운데 아마도 스팀팔로스의 새들이 가장 짜증 나는 생명체일 거예요. 이 새의 부리는 면도날처럼 날카롭고, 울음소리는 아름답기는커녕 전쟁터에서 울려 퍼지는 끔찍한 함성처럼 들렸어요. 헤라클레스는 새들을 잠잠하게 만들라는 임무를 받는데, 어떻게 해야 할지 막막했지요. 그때 아테나가 헤라클레스에게 마법의 악기를 주었고, 새들은 그 악기 연주를 들으며 모두 깊은 잠에 빠졌어요. 새들이 자는 동안 헤라클레스는 독화살로 한 마리씩 쏘아 죽였지요.